Beaucoup de dieux

Cale jeune riz

Writat

Cette édition parue en 2024

ISBN : 9789359947167

Publié par
Writat
email : info@writat.com

Contenu

" TOUT VA BIEN " ....- 1 -

LE PROSÉLYTE RETRAIT ....- 3 -

    (*Au Japon*) ....- 3 -

L'AMOUR AU JAPON ....- 5 -

FEUILLES D'ÉRABLE SUR MIYAJIMA ....- 7 -

TYPHON ....- 8 -

    (*A Hong-kong*) ....- 8 -

PÉNANG ....- 9 -

QUAND LE VENT EST FAIBLE ....- 10 -

    (*Vers PHA*) ....- 10 -

L'ESCLAVE DE LA PAGODE ....- 11 -

LES NAVIRES DE LA MER ....- 13 -

KINCHINJUNGA ....- 14 -

    (*Quelle est la prochaine plus haute des montagnes*) ....- 14 -

LA FEMME STÉRILE ....- 16 -

    (*Bénarès*) ....- 16 -

PAR LE TAJ MAHAL ....- 18 -

L'AMOUR CYNIQUE ....- 20 -

DANS UN JARDIN TROPICAL ....- 24 -

    (*Peradeniya, Ceylan*) ....- 24 -

LA MOT DU VENT ....- 26 -

LE SANCTUAIRE DES SANCTUAIRES ....- 27 -

D'UNE FÉLUQUE ....- 28 -

LES SILLAGES ÉGYPTIENS ....- 29 -

LA PARABOLE DE L'IMAM ....- 30 -

CHANSONS D'UN MER ....- 31 -

UNE CHANSON DES SECTES ....- 32 -

   (*Dans une taverne de Jérusalem*) ....- 32 -

LA VILLE ....- 34 -

VIA AMOROSA ....- 35 -

   (*À AHR*) ....- 35 -

CRÉPUSCULE À HIROSHIMA ....- 36 -

LE VOYAGEUR ....- 37 -

DANS LE JARDIN D'UN TEMPLE SHINTO ....- 39 -

LOIN DE FUJIYAMA ....- 40 -

SUR LA MONTAGNE MIYAJIMA ....- 41 -

   (*Vers PHA*) ....- 41 -

VIEILLESSE ....- 42 -

SUR LE YANG-TSE-KIANG ....- 43 -

LES ARMÉES DE MER ....- 44 -

LE CHRÉTIEN EN EXIL ....- 45 -

   (*Mandalay*) ....- 45 -

LA FEMME PARSÉE ....- 46 -

   (*A Bombay*) ....- 46 -

SHAH JEHAN À MUMTAZ MAHAL ....- 47 -

PRINCESSE JEHANARA ....- 48 -

UNE LAMENTATION D'AMOUR CINGHALAIS ....- 49 -

SUR LE GOLFE Arabique ....- 51 -

LE RAMESSID ....- 52 -

ENNEMIS IMMORTELS ....- 53 -

LA CONSCRIPTION ....- 54 -

NAVIS IGNOTA ....- 55 -

LA CROIX DU SÉPULCRE ....- 56 -

LA NONNE ....- 57 -

CHANT ALPIN ....- 58 -

L'HOMME DE PUISSANCE ....- 59 -

AU TEMPS DE LA IMPRESSION ....- 60 -

LEVER DU SOLEIL EN UTAH ....- 61 -

CONSOLATION ....- 62 -

VAGUES ....- 63 -

VIS ULTIMA ....- 64 -

MEREDITH ....- 65 -

    LA FIN ....- 65 -

"TOUT VA BIEN"

je

Le bond illimité de la mer,
L'expression de sa folie vers la lune,
Le bouillonnement de sa sorcellerie sans fin,
Sa prophétie qu'aucune puissance ne peut harmoniser,
Balayé sur moi comme, sur la proue sonore
d'un grand navire qui gouvernait dans les étoiles,
je Je me suis levé et j'ai ressenti la crainte sur mon front
De la mort, du destin et de tout ce qui gâche.

II

Le vent qui soufflait de Cassiopée jetait
Wanly à mon oreille une rune qui sonnait ;
Le marin dans son aire sur le mât
chantait un "Tout va bien", qui s'accrochait à l'esprit
Comme une voix perdue provenant d'un royaume aérien
Où les navires naviguent pour toujours vers aucun rivage,
Où le Temps donne la barre à l'Immortalité,
Et s'efface comme un lointain fantôme aux portes de la vie.

III

"Et tout va bien, ô Toi, Insupportable
Lanceur de mondes sur un espace désorienté
" , s'est levé en moi, "Tout ? ou ta main s'est-elle émoussée
En construisant ce monde qui porte une race pitoyable ?
O a-t-il été lancé trop tôt ou lancé trop tard ?
Ou peut-il s'agir d'une épave qui dérive
au-delà de ta connaissance vers un récif du Destin
sur lequel le sable d'Oblivion se déplace à jamais ?

IV

La mer devenait plus douce à mesure que je posais mes questions – calme
Avec un mystère qui bougeait comme une réponse,
Et de l'infini tombait un baume,
L'ancienne paix qu'est Dieu , même si elle n'a pas été prouvée.
La vieille foi qui, bien que les golfes sidéraux étourdissent

L'âme et la connaissance se noie dans leurs profondeurs,
Il n'y a pas de monde qui erre, pas un seul
De tous les millions, qu'Il ne garde.

LE PROSELYTE RETRAIT

(*Au Japon*)

Où les belles idoles dorées
S'assoient dans l'obscurité et en silence
Pendant que le tambour du temple bat solennellement et lentement ;
Où les hautes cryptomères
se balancent en adoration tout autour
Et la pluie qui tombe murmure bas ;
J'entends les voix étranges
Des morts et des oubliés,
Sur l'encens qui monte faiblement, je peux voir
Les vies que j'ai vécues,
Et mes vies non engendrées,
Namu Amida Butsu a pitié de moi !

Je suis né ce karma
D'une mère à Chuzenji,
Où Nantai-zan regarde le lac ;
Là où les pèlerins en foule blanche
grimpent aux autels dans les nuages
et contemplent l'aube sainte orientale éveillée.
C'est là que j'ai erré
jusqu'à ce qu'un prêtre des chrétiens,
avec le crucifix qu'il portait, ait attiré mon regard.
Dans le chagrin j'avais grandi,
alors j'ai réfléchi à son chagrin.
Namu Amida Butsu , garde mes journées !

C'était mal, m'a-t-il dit,
de prier Jiso pour mes enfants,
et Binzuru pour la guérison de mes maux.
Et tant de nos dieux
ont été conçus, dit-il, dans le péché,
Du Seigneur Shaka jusqu'aux plus petits sur les collines.
Désespéré, j'écoutais
Car mon cœur battait désespérément,
Pas un temple de mon pays ne m'avait aidé à vivre.
Mais hélas ce jour
Où j'ai laissé baptiser mon âme !
Namu Amida Butsu , ô pardonne !

Pour le Christ qu'ils m'ont donné
Comme l'unique Loi et le Lotus,
Comme le seul chemin vers la Lumière qui ne faiblit pas,
Peut-être avoir du pouvoir
Pour les peuples d'Occident,
Mais pour moi il semblait le serviteur de la douleur.
Car dans la douleur il a péri
Comme un homme né de la passion :
Dans une autre vie sans doute son péché était grand,
Même s'ils m'ont dit non,
Ceux qui le suivaient et le chérissaient
. *Namu Amida Butsu* , tel est le destin.

De même vers les idoles
du Bouddha qui est sans limites,
Tandis que le tambour du temple bat sous la pluie,
je me suis détourné de la trahison
vers la vérité de la méditation,
du conflit que le dieu occidental considère comme un gain.
Et si maintenant je meurs
Comme me le disent les voix,
Vers les vies que je dois vivre, j'irai docilement ;
Jusqu'à ce que mon long chagrin se termine
au Nirvana et mes soupirs.
Namu Amida Butsu , qu'il en soit ainsi !

L'AMOUR AU JAPON

je

Éclairage de libellule
Sur la cloche du temple,
De quelle âme entendez-vous
Le Jour des Morts ?
L'âme de mon amant ?
Ah moi, le sort
Entre deux cœurs
Qui ne se sont jamais mariés !

Libellule, vite,
Le curé arrive !
Oh, le boum
De la cloche amère !
Maintenant tu es parti
et mes larmes coulent abondamment.
Comment du Ciel
Les dieux font-ils l'Enfer !

II

Le sêmi est silencieux
(Pluies d'automne !)
Les cloches à vent tintent
(Comme il fait froid !)
Les lumières rapides s'allument
Sur les vitres shoji.
Viens, ô Bakou,
mangeur de rêves !

L'érable s'assombrit
(Je pâlis !)
La nuit proche frissonne
(Le temple s'efface.)

L'amour obsédant
ne cessera de pleurer !
Viens, ô Bakou,
mangeur de rêves !

Les brumes sauvages s'accumulent
(Ah, mes larmes !)
Les vitres disparaissent
(Pour certains il y a du repos.)
Mais pour moi...
Les années rappelées !
Viens, ô Bakou,
mangeur de rêves !

FEUILLES D'ÉRABLE SUR MIYAJIMA

L'été est arrivé,
L'été est parti,
Et les feuilles d'érable lèvent des mains de fée
Qui ondulent aux vents de l'aube
Là où se dresse la sombre pagode.
Ils ondulent et font signe avec nostalgie
à leurs sœurs fées au-delà de la mer,
mais l'aide ne vient pas,
alors ils tombent et s'enfuient.

De l'automne sur les sables.

Et en bas de la montagne
Et dans la marée,
Certains sont soufflés là où glissent les sampans,
Et certains sont éparpillés à côté du temple,
Et certains près du torii.
Mais l'automne
les poursuit toujours jusqu'à ce que,
comme toujours auparavant,
elle ait sa volonté,
et les laisse désolés, morts et immobiles,
ravis au loin ;
Les laisse désolés; criant de manière stridente :
"Aucune beauté ne demeurera !"

TYPHON

(*A Hong-Kong*)

J'étais fatigué et j'ai dormi sur le Pic ;
L'air s'accrochait comme un linceul,
Et toujours le bourdonnement de la mouche bleue à mon oreille
restait obsédant, chaud et fort ;
Je me suis réveillé et le ciel était sombre
Avec une crainte et une terreur qui ont bientôt
fait frissonner mon cœur, car je savais
que cela signifiait un typhon ! typhon!

Dans le port en contrebas, tout en bas,
les jonques, comme des oiseaux en troupeau,
se balançaient dans une terreur sans ailes, ou s'enfuyaient
en s'enfuyant sous le choc.
La ville, coude essoufflé
De toits, au bord de l'eau jonchée,
Restez silencieux et attendez, pourtant il n'y avait personne
à l'intérieur à part ledit typhon !

Puis vint, comme un million de vents
devenus incommensurablement fous,
une tempête torride et tortueuse piquée
par le viol de la belle mer du Sud.
Et il balaya comme un scud échappé
des cratères du soleil ou de la lune,
et frappa comme aucune puissance du ciel ne pourrait le faire,
ou de l'enfer – un typhon ! typhon!

Et les jonques furent frappées et déchirées,
Les noyés se débattirent et crièrent,
Ou, se précipitant sur les parois de granit de la mer,
Des centaines de personnes moururent sans secours.
Jusqu'à ce que je ferme la vue de mes yeux
Et que je prie pour que mon âme s'évanouisse :
Si jamais je vois le visage de Dieu, qu'il
soit innocent de ce typhon !

PÉNANG

Je veux retourner à Singapour
et naviguer le long du détroit,
vers un bungalow que je connais à côté de Penang ;
Où les cocotiers le long du rivage
s'agitent et où les portes
de la paix ferment le chagrin pour toujours.
Je veux y retourner et entendre les vagues
venir battre la nuit,
comme le lavage de l'éternité sur les morts.
Je veux voir l'aube se lever et le jour
descendre dans une lumière dorée ;
Je veux retourner à Penang !
Je veux retourner!

Je veux retourner à Singapour
et remonter le long du détroit
Au bungalow qui m'attend au bord de la marée.
Là où les Tamouls et les Malais racontent leur histoire
Le soir, et où le destin
N'a posé aucun fléau inoffensif au cœur de la vie.
Je veux retourner réparer mon cœur
Sous la lune des tropiques,
Pendant que le tamarin murmure des pensées de sommeil.
Je veux croire que la Terre
est à nouveau en phase avec le Ciel.
Je veux retourner à Penang ! Je veux retourner!

Je veux retourner à Singapour
et naviguer le long du détroit
jusqu'au bungalow que j'ai laissé sur la rive.
Là où l'écume du monde s'affaiblit avant
d'entrer, et diminue
de sens à mesure que j'entends le vent des palmiers se déverser.
Je veux y retourner et finir mes jours
Un soir où la Croix
Le ciel du sud est lourdement lointain et triste.
Je veux me rappeler quand je mourrai
Que la vie ailleurs était une perte.
Je veux retourner à Penang ! Je veux retourner!

QUAND LE VENT EST FAIBLE

(À la procréation assistée)

Quand le vent est faible et la mer douce,
Et les éclairs de chaleur lointains jouent
Sur le bord de l'Ouest où les nuages sombres se nichent
Sur un banc de brume plus sombre ;
Quand je me penche sur la balustrade avec toi que j'aime
Et que je regarde à mon guise ;
Je sais que les cieux sont là-haut...
Mais tu es mon firmament.

Quand les étoiles au phosphore sont lancées depuis la proue
Et que la montre grimpe sur le linceul ;
Quand le mât sombre s'enfonce à mesure que le navire glisse
À travers l'écume qui bouillonne à haute voix ;
Je sais que les années de notre vie sont peu nombreuses,
Et désireuses de fuir comme un oiseau,
Que le temps est aussi bref qu'une goutte de rosée —
Mais tu es l'Éternité.

L'ESCLAVE DE LA PAGODE

(A Shwe Dagohn, dans le vieux Rangoon)

Toute la nuit, l'esclave de la pagode
entend les cloches à vent haut dans les airs
tinter avec une langue basse et douce et grave
la louange du Seigneur Gautama.
Toute la nuit, là où la flèche solitaire envoie
sa hauteur dorée vers la lumière étoilée,
il entend leur mélodie
et regarde la lune
et craint de ne jamais atteindre le Nirvana.

Autour et autour d'une centaine de sanctuaires
Étincelant à la base du grand Shwe
Tombe le bruit de ses pieds au milieu des lignes
Droned de la Sagesse sacrée.
Tour à tour là où les idoles regardent
Si impitoyable sur sa détresse douloureuse
Il passe, Les yeux pâles et blêmes —
Un paria comme les chiens derrière lui.

Oh, quel péché dans une vie a-t-il engendré
Il y a des milliers de vies a-t-il péché
Pour qu'il soit maintenant oublié de tous,
Même du Seigneur Gautama ?
Oh, quel péché, que les plus humbles évitent
Son nom même comme une chose de honte —
Un son pour souiller
Les vents qui s'affaiblissent
Des cloches hautes qui l'entendent prononcé !

Minuit vient et les heures du matin,
les cierges meurent et les fleurs toutes
des autels les plus fêtés : tristes
et désolées sont leur odeur.
Minuit s'en va, mais il regarde toujours
Par chaque flèche froide la lune allume le feu,
Sous chaque palmier
Dont le calme
pilier argenté et le porche orné de joyaux prient sous.

Est-ce l'aube qui se lève ?... Non,
Seulement une étoile qui tombe dans la mer,
Seulement le flot plus fort d'une cloche à vent
De louange au Seigneur Gautama.
Aube infidèle ! aux pieds illusoires
Il arrive trop tard pour alléger son sort.
Il s'endort
Un tas impuissant,
mais pour cela il n'atteindra peut-être jamais le Nirvana.

LES NAVIRES DE LA MER

Au port quand le soleil se couchait,
j'ai monté le navire qui portait mon amour,
sur les brisants en s'inquiétant sauvagement,
sous les cieux qui brillaient au-dessus.

Jusqu'à la plage, j'ai couru à sa rencontre ;
Il viendrait comme il l'avait dit :
Et il est venu... dans un cercueil de marin,
Mort !...

Ô les navires de la mer ! les femmes
Elles espèrent de tout sauf le Ciel !
La marée n'a plus rien à me dire,
Les brisants ne font que me briser le cœur !

KINCHINJUNGA

(*Quelle est la prochaine plus haute des montagnes*)

je

Ô Prêtre blanc de l'Éternité, autour duquel
s'élèvent les nuages qui voilent le sommet élevé
du sacrifice immémorial de la terre
À Brahma dans le souffle duquel tout vit et meurt ;
Ô Hiérarque enveloppé de neiges intemporelles,
Premier-né de l'Asie dont les affres maternelles
semblent maintenant changées en un million de malheurs humains,
tu es saint et tu es toujours ! Sois ainsi, et ne pousse pas
un seul soupir de tout le mystère trouvé en toi.

II

Car dans ce monde trop de choses sont trop claires
, Serviteur immortel de nombreux pays,
Dont les autels de glace coulent jusqu'aux sables évanouis
Les rivières que chaque libation versée se dilate.
On en sait trop, ô père donneur du Gange ;
Ton peuple conçoit la vie et la trouve terrible,
Ton peuple conçoit la mort et, en elle, le feu
Pour revivre, bien que dans la sphère de l'Illusion,
Contemple caché comme le chagrin est dans une larme.

III

C'est pourquoi continue, toujours enchâssé, tes rites,
Le sombre Thibet, ce redoutable ascète, tombe
Dans une étrange austérité, dont la transe épouvante,
Devant toi, et un suppliant t'appelle.
Continue encore ton silence haut et sûr,
afin que quelque chose au-delà de l'éphémère puisse perdurer,
quelque chose qui attirera à jamais
l'imagination vers des vols mystiques
où seule aucune aile de lumières maléfiques.

IV

Oui, enveloppe tes terribles golfes et tes acolytes
De granit soulevé autour de neiges inaccessibles.
Tenez-vous debout pour l'éternité tandis que les pèlerins
de toutes les nations envient ton repos.
Engaine tes sublimités noires, sans échelle.
Soyez ce seul sur terre qui n'a pas échoué.
Sois ce qui n'a jamais encore désiré ni souffert,
mais depuis que la puissance primitive a élevé tes hauteurs,
il s'est tenu au-dessus de toutes les morts et de tous les délices.

V

Et même si ton frère supérieur sera roi,
sois grand prêtre de Brahma non révélé,
tandis que ta blanche sainteté scellée à jamais
dans un silence glacial laisse le désir figé.
Dans les ministères fantomatiques du soleil,
et des étoiles mendiantes et de la nonne de la lune,
soyez encore saints, jusqu'à ce que l'est à l'ouest se soit écoulé,
et jusqu'à ce qu'il ne
reste plus aucune souffrance sacrificielle sur aucun sanctuaire pour raconter
l'aiguillon de la vie.

LA FEMME STÉRILE

(*Bénarès*)

Au ghat brûlant, ô Kali,
Mère divine et redoutable,
Tu vois, j'attends les lèvres ouvertes
Sur les nouveaux morts.
Je suis sans enfant et stérile ; pitié
Et permettez-moi d'attraper l'âme
De celui qui ici sur la bière allumée
Paye le tribut à l'Existence.

Voyez-vous, c'est par son corps innocent
que je fais cuire le pain et que je mange.
Donne-moi l'âme dont il n'a pas besoin
Maintenant, pour une conception douce.
Écoutez, ou mon seigneur et mari
me renverra de sa porte
Et prends à ses côtés une épouse plus belle,
dont la poitrine sera moins pauvre.

J'ai souvent cherché tes temples,
Je cherche maintenant le Gange,
Où sont répandues les cendres de tous les morts,
Et ma prière n'est-elle pas douce ?
Les ghats, les sanctuaires et les gens
qui se baignent dans le ruisseau sacré
Ont entendu mon cri, ô déesse céleste,
Ne ferai-je pas mon rêve ?

Les femmes d'Oudh et de Jaipur
Me regardent avec mépris.
Les enfants s'accrochent à leurs vêtements,
Personne ne me naîtra-t-il ?
Les feux de la mort frémissent plus vite,
ô hâte, déesse, signe
que de ce destin dans mon ventre
ton engagement est passé, divin.

Malheur! il n'y a plus que des cendres,
maintenant, et les pleureurs s'en vont.
Seul sur le ghat, ils me laissent, seul,

avec le seul courant de la rivière.
Kali, je ne demande pas de bijoux,
ni de justice, ni de beauté, ni de négligence,
mais le droit de la femme la plus basse,
un enfant, même si je meurs du cadeau !

PAR LE TAJ MAHAL

Sous les étoiles indiennes,
Mumtaz Mahal, je suis assis,
les regardant serpenter leur chemin silencieux
sur ton tombeau mélancolique ;
Regardant la proue en croissant
De la lune voltiger parmi eux,
Belle comme la chaloupe qui a porté ton âme
Jusqu'à la Chambre du Paradis.

Sous les étoiles indiennes,
Avec des palmiers et des voyants autour de moi,
Avec un dôme, un kiosque et un minaret
Montant contre le ciel,
il me semble voir ton visage
Dans toute la beauté sans moi ;
Dans toute la tristesse qui remplit mon cœur
D'entendre le cri de ton amant.

Sous les étoiles indiennes
je cherche ta Tour de Jasmin,
Le long du fleuve dont le lit stérile
Gît gris sous la lune.
Et à travers ses portes magiques,
tu ressembles à une fleur spirituelle,
revenant du royaume d'Allah
pour chercher une bénédiction perdue.

Sous les étoiles indiennes,
je te vois bouger doucement,
Parmi tes jeunes filles illuminées de bijoux,
Une reine douce et fantomatique,
Et le parfum de l'attar jeté
Dans tes fonts de marbre semble prouver
que la passion ne peut jamais mourir de l'amour,
Si vraiment l'amour a été.

Sous les étoiles indiennes
Il vient, « l'Ombre d'Allah
» , Jehan, le seigneur de la Magnificence,
Le seigneur qui tient votre cœur.
Les portes d'argent s'ouvrent

Et seul avec lui tu sanctifies
La nuit amoureuse dont la lune a fait naître
en moi De telles visions.

Sous les étoiles indiennes...
Mais la fin de tout gémit !
J'entends son dernier souffle qui
ne mourra jamais de ton tombeau.
Car chaque fleur de jaspe
qu'Il a placée dans son rêve semble prêter
à la Beauté un chagrin, Mumtaz Mahal,
Et au Destin un soupir.

L'AMOUR EST CYNIQUE

je

Ô vous les poètes, prétendant toujours que
l'Amour est immortel, dites la vérité !
Videz vos livres de mensonges, la fin
d'aucune passion ne peut être : la jeunesse.
"Le Ciel", respirez-vous, "rejoindra les brisés ?
" Allons, l'Infini était-il toujours marié,
Qu'Il doive toujours penser
À votre lit nuptial ?

II

Dites la vérité ! mais cela coupe le glamour
de vos rimes et déchire votre rêve.
Croyez-vous que les mots peuvent séduire

La mort et tarir le ruisseau du Léthé ?
La mort? ce n'est qu'une éponge qui passe,
celle qui n'a jamais été apaisée se faufilera
dans le flot de Léthé – dont la durée
est des éternités.

III

"FAUX!" criez-vous, « et un blasphème
inconvenant ! » – Eh bien, regardez autour de vous.
N'est-ce pas seulement dans le blasphème
que l'on trouve la vérité ?
Que ce soit une chose que je vous demande,
Amoureux et poètes, dites-le, je vous prie :
Y a-t-il jamais eu un serment d'amour terminé
avant le Jour du Jugement ?

IV

"Oh", répondez-vous, "le mal est en toutes choses".
Mais dans un mensonge ancien, qu'est-ce qui est bon ?
N'est-il pas préférable d'appeler les choses
comme elles sont, et non comme nous le ferions ?
Lorsque vous vous accrochez à votre maîtresse,

l'Amour a le visage de l'Éternité.
Accrochez-vous à elle alors, mais sachez que Wanting
Fools est le meilleur qui soit.

V

« Pourtant ses sourcils et ses yeux qui murmurent
Toute la musique, dites-vous, de Dieu !
Pressez ses lèvres, mais un peu plus fermement...
Vous sentirez qu'elles sont... de la merde. "
Mais il y a une âme vivante au-delà d'eux,
Et c'est l'amour jusqu'à la fin de toutes choses ?"
Les enfants seuls construisent des paradis
avec seulement un sou à dépenser.

VI

" Ai-ho maintenant ! c'est comme le cynique,
" Votre sourire de poète est plein de pitié, "
Il s'est assis à la clinique du Diable
avec un amour mort pendant ce temps. "
Morts ou vivants ne font qu'un avec les passions,
Sous le puissant couteau de la Vérité
On les verra composés d'envie —
Et d'un peu de vérité.

VII

« Alors le monde vit du mensonge ?
» De nombreux mensonges ont rempli sa gueule !
« Mais une meilleure illusion que de donner
la foi à une loi fatale et sans amour ?
» Il y a un certain dicton socrate
selon lequel les porcs de leur fossé sont sûrs ;
Pourtant prouvent-ils par leur contentement
Que cela durera ?

VIII

Serrez-la fort ! Mais la vérité est en toi,
même si tu l'as rimée et enfoncée,
cachée avec des mots de miel qui te gagnent
des couronnes que tu sais orner le clown.

On vous appellera rois, et des élévateurs
de votre espèce ? Seigneur, sauve la marque,
Que nous soyons toujours dépendants du feu
D'une si fausse étincelle.

IX

Et tellement friand ! car tu tiens immortel
Ce qui est né depuis un jour ou deux ! "
Mais c'était destiné ? " Oui, votre portail
n'a qu'à tenir compte de Dieu – et de vous ! Lui
, avec ses trois millions
de mondes assoiffés, en proie à la mort et à la vie,
a sûrement du temps à perdre pour choisir
votre épouse bien-aimée !

X

Par ma foi, il n'existe pas une créature
folle comme un poète, souffle la brise !
Donnez-lui une maîtresse et il la prêchera
Comme le chef-d'œuvre de la création.
Qu'il se penche une demi-heure
Sur ses lèvres et il jure
Qu'il plongerait dans la mort insondable
Pour l'y retrouver.

XI

Et croyez que son serment est capable !
Qu'il n'y a pas dans toute la mer
assez d'eau pour éteindre la fable
de l'intensité de son âme.
Pourtant, il n'y a jamais eu de rose qui ait fleuri
et qui ait duré au-delà de son jour.
Il n'y a jamais eu de feu allumé
Mais le grand froid a fait son chemin.

XII

"Pessimiste", est votre réponse mortelle,
"Attendez que le vent d'amour vous transperce !
" Attendez ? J'ai été le plus grand danseur

pour cela, et, dupe encore, je ferais l'affaire.
La vérité jusqu'à la mort, dois-je l'avouer ? Ne
serait-ce qu'un instant sur un seul sein.
C'est pourquoi j'ajoute — et Adam le bénisse ! —
Celui qui aime une fois est comme les autres.

DANS UN JARDIN TROPICAL

(*Peradeniya, Ceylan*)

je

Le soleil se déplace ici comme un maître-mage de la nature tout au long du
jour,
Avec des doigts de chaleur et de lumière qui touchent à une croissance
mystique toutes choses.
Son charme endort le Temps pâle, comme un opiacé étrange et fort,
Et d'un souffle de sa baguette, le vent, l'enchantement apporte.

II

Les racines de python de l'hévéa où se glisse en paix le cobra
Sont des merveilles qu'il a agitées de la terre comme présage de sa
puissance.
Et les tiges géantes de l'herbe de bambou, la piscine émerveillée, voit,
Sont une merveille de la maintenir immobile heure après heure.

III

Les longues lianes qui s'étendent en déroute rêveuse d'arbre en arbre
Sont étourdies de la sensation de sève qu'il appelle à l'enchevêtrement de
leurs gerbes.
L'hibiscus au cœur écarlate est fasciné et l'abeille torride
se tait sur son bord, comme dans l'étonnement

IV

Et là attendent les palmiers, le talipot avec sa haute flèche fleurie,
la noix de coco et le mince arèque qui écoutent.
Quelles sorcelleries de ses rayons tremblants de feu équatorial
Seront ensuite imposées à un partenaire moindre.

V

Le fleuve aussi, qu'il serpente comme un cercle magique autour des
richesses
qu'il a ici engendrées, a le glissement d'un serpent perdu en transe ;
Et les parfums de clou de girofle et de cannelle qui en sirotent la fraîcheur,
le déversent furtivement dans l'air comme une nécromance.

VI

Et là où l'arbre à pluie et le fruit à pain se penchent ensemble
sur son flux, et les renards volants pendent la tête vers la terre, se laissent
soudainement tomber puis s'élèvent en l'air sur de grandes ailes de chauve-
souris, on voit
encore plus de sa sorcellerie labyrinthique dans sa naissance.

VII

Toute la journée c'est pour que son œil chaud et hypnotique commande
Avec un rayon constant ; et la terre obéissante produit l'enchantement.
Toute la nuit, dans l'obscurité humide, les groupes d'hyla aux voix aiguës
le chantent dans une musique glaciale du sud au nord.

VIII

Un mage merveilleux, dans un pays dont les rêves deviennent réalité.
Aussi rapides que les nuages se forment lorsque la jeune mousson est dans
le sud.
Une terre née de la mer et par elle destinée à être
au-delà de toute peur de la faim et de la sécheresse.

LA PAROLE DU VENT

Une étoile que j'aime,
La mer et moi,
avons parlé ensemble toute la nuit.
"Ayez la paix", dit l'étoile,
"Ayez le pouvoir", dit la mer,
"Oui!" J'ai répondu : "et le délice de la renommée !"

Le vent en route
vers l'Arabie
s'arrêta et écouta et soupira et dit :
"J'ai passé sur les sables
le tombeau d'un Pharaon :
il avait tout cela - et il est mort."

LE SANCTUAIRE DES SANCTUAIRES

Il y a en Egypte, près de l'ancien Nil,
un temple de pierre impérissable,
prodigieux, à colonnes, hiéroglyphé, et connu
dans le monde entier comme le sanctuaire suprême de la foi.
Il se dresse à moitié en débris, un tas de granit
gigantesque, resté à mi-chemin de la résurrection,
Une crainte, une inspiration, un découragement
Pour tous ceux qui voudraient deviner le passé énigmatique.
Son dieu était Ammon, et une foule
d'adorateurs venus de Thèbes, la porte royale,
attendaient toujours, sur ses fervents pylônes,
tandis que les prêtres chantaient toujours un chant prophétique.
Et pourtant cet Ammon, qui a donné des lois à l'Égypte
, n'est pas – et est oublié – et ne l'a jamais été !

D'UNE FELUCCA

Un tombeau blanc dans le désert,
Un Arabe en prière
Au bord des eaux sombres du Nil,
Où se promène le chameau solitaire.
Un ibis au coucher du soleil,
Un shadouf lent au repos,
Et dans le caravansérail
Une musique basse pour l'invité.

Au-dessus de la ville fauve
Une lueur de minarets,
Résonnant L'
appel clair du muezzin au coucher du soleil.
Un mystère, un silence,
Une respiration de baume étrange,
Une paix d'Allah sur le vent
Et sur le ciel son calme.

LE SVEIL ÉGYPTIEN

Je me suis réveillé la nuit dans mon tombeau éternel
Les sables du désert s'étaient cachés depuis mille ans,
Et j'ai entendu le crieur du Nil à travers l'obscurité
Appeler : « Le déluge est venu ! implorez les dieux !
» Je me suis levé en toute hâte, comme quelqu'un qui entend aveuglément,
Et recherchait les marchands de blé et de vin
Cultivés pour la louange et le service de la divine
Grande Isis, par l'esclave qui travaille pour elle.
Mais au fur et à mesure de mon passage, malheur ! qu'est-ce que c'était,
des visages étranges, des modes étranges et des fanes étranges,
debout à minuit ; Oh, les douleurs
Qui ont balayé l'abîme de ma pensée effrayée !
J'ai gémi. Mon corps s'est effondré en poussière.
Et puis mon âme s'est enfuie Ici, là où toutes les âmes doivent le faire.

LA PARABOLE DE L'IMAM

Voici, le vent du désert s'est levé,
Khamsin, dans un linceul de sable,
et a balayé les déserts libyens, jusqu'au
lointain pays Somali.
Sa voix était pleine de la sécheresse de la mort
et frappa la terre comme un souffle brûlant,
ou comme une malédiction qu'Allah adresse
à une bande de démons.

La caravane de l'oasis
De Kûrkûr aux palmiers engirt
Frémissait et se couchait en tas secoués,
L'horreur à endurer.
Son puissant Sheik, comme une âme en enfer
qui aspire au luth d'Israfel,
Désiré du ruisseau du puits de Keneh,
Impérissablement pur !

Il a désiré trois jours, et le vent
a fait tourner le linceul autour de lui pendant trois jours.
Puis une aube stridente apporta le soleil —
et une foule maigre de vautours.
Quelques os sombres sur le désert
mentent encore pour le jour du jugement dernier pour frémir

De nouveau dans la vie, si Allah le veut :
Que votre cœur ne s'enorgueillit pas.

CHANSONS D'UN MER

je

Beaucoup sont aujourd'hui en mer
Toutes voiles dehors.
La marée roule dans un gris agité,
Le vent souffle mouillé.
La mouette est fatiguée de ses ailes,
Et je suis fatigué de tout.

ardents pèsent sur moi,
Mes yeux tristes regardent
À travers les lieues qui s'enfoncent et s'élèvent
Et s'enfoncent toujours.
Ma vie a sombré et s'est élevée,
je voudrais qu'elle cesse de couler pendant un moment.

II

Tous les vents de la mer se lassent,
Toutes les vagues de la mer se reposent,
Tous les désirs de mon cœur s'installent
doucement maintenant dans ma poitrine.
Toutes les étoiles qui mouillent au ciel
, Bouées dorées de la lumière élyséenne,
Envoyez-moi à travers le golfe, en me promettant
que je vais bien.

Ainsi, pendant que les nuages laissés seuls
Aux portes de l'extrême Ouest
Attendent, si tranquillement, que la lune se calme
Volant son nid,
je suis retenu par une vêpre basse
Hantant au loin le vague crépuscule,
Puis, avec mon âme en paix, murmure
sacrément bon -nuit.

UNE CHANSON DES SECTES

(*Dans une taverne de Jérusalem*)

Latins et Grecs, Dieu soit loué, nous sommes Arméniens et Coptes,
Et nous sommes tous ivres comme on peut l'être, car nous avons bu
ensemble.
Aucun d'entre nous ne crache sur le credo, les autres bouchent et
ronronnent,
Mais nous croyons tous, nous croyons tous, au Saint-Sépulcre !

L'Arménien chante

Le copte sort du pays d'Égypte et, avec un visage fanfaron,
il vous dira que ses pères ont mis en place les pyramides.
Nous n'avons aucune foi en son Christ monophysite, le blasphémateur !
Mais nous croyons tous, nous croyons tous, au Saint-Sépulcre !

Le latin chante

Le Grec vous maudira si vous appelez ses icônes des images,
et condamnera votre âme à l'enfer – pas de purgatoire, s'il vous plaît !
A propos de Procession du fantôme, il est épineux comme une bavure,
Mais il croit, comme nous le croyons tous, au Saint-Sépulcre !

Le copte chante

Parmi les hérétiques, Dieu ne les brûle pas, les Arméniens sont les pires,
ils ne célébreront pas le jour qui fut pour le Christ le premier.
Pas de vin mélangé à de l'eau pour eux, ni de la myrrhe païenne…
Ou ne croyez pas, comme nous le croyons tous, au Saint-Sépulcre !

Le grec chante

Le Latin jure que son pape romain est juge infaillible.
C'est pourquoi vous pouvez être sûr que le diable, de son crâne
, portera un toast à tous les menteurs qui prétendent un tel mensonge :
bien qu'ils croient, comme nous le croyons tous, au Saint-Sépulcre !

Encore les Quatre

Latins et Grecs, Dieu soit loué, nous sommes Arméniens et Coptes,
Et nous sommes tous ivres comme on peut l'être, car nous avons bu

ensemble.
Aucun d'entre nous n'a envie de pendre tous les Juifs à un genévrier,
Car nous croyons tous, nous croyons tous, au Saint-Sépulcre !

LA VILLE

Douce et belle au bord du désert,
et sur le bord bleu et sombre de la mer,
là où les mouettes blanches volent toute la journée et envolent
leurs petits sur le rebord sablonneux de la haute falaise,
il y a une ville que j'ai vue,
à un moment donné ou à un endroit, de jour ou de jour. rêve,
je ne sais lequel, car il semble gravé
tel que je le suis par son souvenir.

Les pâles minarets du Prophète percent
Au-dessus d'elle dans le blanc des cieux,
Et des voiles enchantées depuis mille ans
Volent à ses pieds tandis que des bouvillons fantaisistes.
Aucun de ses visages ne m'est
connu, ni sa passion ni sa douleur.
Ce n'est qu'une ville au bord de la mer,
Enchâssée à jamais sous mes yeux !

VIA AMOROSA

(*À la procréation assistée*)

Quand nous marchons tous les deux, mon amour, sur le chemin
que la lune trace sur la mer,
Jusqu'au bout du monde où le chagrin a
une fin qui est extase,
Ne devrions-nous pas penser à l'autre chemin
De la poussière et de la pierre lassantes
Nos pieds s'en sortiraient Est-ce que chacun se souciait
de suivre le chemin seul ?

Quand nous glissons la nuit vers le ciel
et trouvons une étoile que nous gardons
comme lieu de rendez-vous vers lequel nos yeux
peuvent conduire nos âmes avant de dormir,
ne devrions-nous pas nous arrêter un peu
et penser combien doivent soupirer
Parce qu'ils contemplent les chemins étoilés
Sans aucun camarade de cœur ?

Quand nous nous coucherons ensuite tous les deux devant nos rêves
qui approfondissent encore le délice
de notre errance là où les étoiles et les ruisseaux
s'égarent dans une lumière immortelle,
ne devrions-nous pas pleurer avec les myriades
de l'est de la terre à l'ouest
qui les déposent la nuit mais pour noyer
le désir pour un sein aimé ?

Ah oui, car la vie a mille dons,
Mais c'est l'amour qui donne la vie.
Qui marche seul dans son monde soulève toujours
une âme en proie au chagrin.
Mais ceux à qui il est donné de suivre
le chemin de la Lune et de ne pas sombrer
pourront jamais dire que la voie la plus malheureuse
que la Terre ait connue est au bord du gouffre.

CRÉPUSCULE À HIROSHIMA

Doucement le bambou se plie
Tandis que le soleil se couche sans briller,
Plus doux le saule se termine
Un soupir vers le crépuscule alentour.
Rapidement, la brève chauve-souris parcourt
son chemin palpitant, à travers
les champs coulants de l'air d'automne,
qui sont silencieux du bruit de la ville.

Temple, chaume et ruisseau
oublient la lumière qui s'attarde,
Montagne et brume du rêve
Sont déjà perdues, au loin. Le rayon
de la lune
vient faiblement , puis des doigts invisibles
font tinter un samisen,
et à l'est se trouve une étoile.

LE VAGABOND

Quand le clair de lune sur le visage
du grand Bouddha tombe
Alors qu'il est assis dans le Nirvana
Sur les rives de Kamakura,
Quand les pins autour de lui placent
De douces ombres à ses pieds
Comme des offrandes de pénitence et de larmes,
j'entends dans la grâce
De la basse susurra du vent
A voix qui m'appelle toujours
vers ma maison en Occident,
mais je me suis attardé trop longtemps
dans les arcanes étranges de l'Orient
et il n'y a plus de désir dans ma poitrine.

Je l'ai laissé quand j'étais petit,
si loin chez moi et, hélas,
"C'était si juste que
la Terre de mes rêves était plus juste, c'était une folie.
Je l'ai quitté pour la joie
d'errer à travers le monde,

Et j'ai vu des terres au cœur païen !

Mais quand enfin l'humeur
de joie a apporté la tristesse
Comme le lotus dans mes veines,
Et que l'oubli a semblé le destin,
j'étais allé jusqu'à ce sanctuaire
Et la lune comme maintenant rayonnait,
Et ici j'ai attendu - et j'attends.

Mais pas pour un quelconque don
de son dieu, ni pour aucune grâce
que les hommes, en vivant ou en mourant,
soupirent dans les textes ou les sutras.
Et ce n'est pas pour rien que
le Nirvana, ni les cieux
Où le Paradis sourit impérissablement.
Mais seulement pour le souffle
du vent, qui semble mourir pour
la paix durable de mon âme

dans la demeure du tombeau.
Et seulement pour la dérive
de la lune qui vient nier
l'éternité à tout sauf au Destin.

DANS UN JARDIN DE TEMPLE SHINTO

Sous le torii, vêtu de vert,
le vieux prêtre rampe jusqu'au sanctuaire.
Au-dessus du pont se tient la cigogne immobile,
Le corbeau ne croasse pas dans le pin.

Au loin, les clairons sonnent,
la mémoire sanglante de la guerre se réveille.
Le prêtre prie pour ses fils morts,
et son cœur se brise.

LOIN DE FUJIYAMA

Sur l'or fantôme des cieux défaillants,
je vois le fantôme de Fujiyama se lever
et je pense aux innombrables yeux
qui ont vu sa vision couronnée par le coucher du soleil.
Le paysan dans son champ de riz ou de thé,
Le prince dans les jardins rêvant au bord de la mer,
Le prêtre pour qui le sêmi dans l'arbre
N'était que le son incarné de quelque âme stridente.

Et alors que j'y pense, voici, la transe
du temps passé et des circonstances lointaines,
de la nécromance omnisciente du Karma,
se trouve soudainement devant ma vue illimitée.
C'est comme si, un instant, la bouddhéité
m'était donnée ; comme si compris
Le bien plus vague du Nirvana était enfin compris ;
Comme si le temps se dissolvait dans une lumière vivante.

SUR LA MONTAGNE MIYAJIMA

(À la procréation assistée)

Sur la mer les sampans chevauchent
Et les montagnes regorgent de brume et de soleil.
O, nous sommes de nouveau au Japon
Et le sort tourne autour de nous !
Le charme du vieil Orient enchanteur,
De Bouddha et de nombreux prêtres bienheureux,
Le charme qui n'a jamais, jamais cessé
De nous hanter !

Nous sommes heureux de voir les sommets des temples
et les lanternes en rang religieux
debout, comme des acolytes de pierre,
où poussent le pin et le camphre.
Et sur eux la vieille pagode prie
Bénédiction sur leurs jours de rêve,
Et sur les huit voies sacrées
Du chagrin !

Ah, et le torii aussi est là
Où la mer en transe entre
quotidiennement dans son sanctuaire, avec le mystère des marées
Et la majesté divine.
Il entre maintenant, comme la mer nuptiale
de l'amour est entrée pour la première fois dans nos cœurs, pour être
éternellement Seigneur de leurs marées,
Et Maître !

VIEILLESSE

J'ai entendu les oies sauvages,
J'ai vu tomber les feuilles,
Il y avait du gel cette nuit
Sur le mur du jardin.
Il n'est plus là aujourd'hui
Et j'entends l'appel du vent.
Le vent ?... c'est tout.
Si l'hirondelle s'éclaire
Quand le soir est proche ;
Si la grue ne crie pas
Comme une âme effrayée ;
Je ne penserai plus
À l'année qui meurt,
Et au vent, son voyant.

SUR LE YANG-TSE-KIANG

Sur la jonque aux ailes de chauve-souris du Yang-tsé
Et le sampan en lambeaux glisse,
Des voiles brunes, noires et jaunes se balancent.
Descendant les jonques aux ailes de chauve-souris du Yang-tsé
Les yeux de poisson et les couleurs criardes prennent le courant,
En direction de la mer ils chevauchent paresseusement,
Les coolies chantent.

Au loin, dans les champs, les paysans travaillent
Et le long du canal les câbles bas glissent,
Les fruits du kaki rouge s'entassent dessus.
Dans les champs, le paysan peine —
Avec les lèvres et les sourcils, les années ennuyeuses se dépouillent
des rêves de la vie, dont l'emprise
les a sinistrement attirés.

Haut sur la colline repose le yamên
Et le temple à côté dort au soleil,
Au loin, au loin, la ville morne s'évanouit.
Haut sur la colline, le yamên repose,
et des ombres mortes courent dessus :
c'est le pays où le temps a commencé
et maintenant se lasse.

LES ARMÉES DE MER

Les armées sauvages de la mer, dirigées par le vent,
nous suivent dans notre sillage,
criant à crête blanche des millions de personnes en route.
Ils ont brisé leur camp de calme et
la rébellion mondiale s'est déclenchée,
avec la bannière de nuages et de brume tendue au-dessus d'eux.

Ils ont entendu l'appel de la Mort infinie,
l'ordre de sa parole : «
 Lève-toi, va et conquiert là où tu peux ;
Car c'est la seule loi que vous connaissez,
Son mandat, les hommes ont entendu,
 Qu'ils se méfient quand leur chemin pourrait s'étendre. .

"Qu'ils prennent garde, car je suis le seigneur
de tout ce qui a un nom sur terre,
Et c'est à toi que revient l'essentiel de ma force.
Partez, vous avez bien des navires à déchirer,
et bien des mâts à mutiler,
et bien des terres à fouetter et des âmes à effrayer. »

Alors ils chevauchent, une horde ravageuse,
De rivage en rivage frémissant,
Au-delà de nous dans l'aube sombre ensevelie par les étoiles ;
Je ne sais pas non plus que lorsqu'ils auront de nouveau campé
et dormi, la vie redonnera
à son monde l'espoir qu'ils ont retiré.

LE CHRÉTIEN EN EXIL

(*Mandalay*)

Les palmiers le long du vieux mur du fort pâlissent,
Les montagnes dans la lumière du soir sont rouges,
La lune est tombée du ciel dans les douves,
Un sortilège de barbarie s'étend sur tout.
Mais qu'est-ce que cela lui fait, un étranger solitaire,
Dans un pays étranger à toute sa foi et sombre ?
Il ne se soucie pas des vieilles splendeurs, il veut seulement
entendre à l'antenne un simple hymne du sabbat.

Les oiseaux du riz prennent leur vol neigeux
Du grand tamarin jusqu'à leur nid,
Les chars à bœufs le long de la route grincent,
Les clairons au-dessus du mur sonnent le repos.
Sur une jetée calme face à la Mecque,
les Fils de Mahomet observent le cours du jour.
Lui aussi l'attend, avec l'écho
sur ses lèvres d'un hymne de croyant.

Les tours rouges des portes s'élèvent contre le crépuscule,
Le palais du roi païen est caché,
Le pont blanc courbé sur les douves à côté
semble maintenant débarrassé de toutes les impiétés.
Il souhaiterait qu'il en soit ainsi avec toute cette ville
Dont les pagodes construites par Bouddha nagent vers le ciel ;
Mais il ne peut que les regarder et avoir pitié...
Et chanter dans son cœur un hymne chrétien.

LA FEMME PARSÉE

(*A Bombay*)

Chassez-moi du milieu de vous,
je ne verrai pas mon enfant
En haut là où les vautours
Peuvent le réclamer, sauvage !
La terre que vous dites est sainte,
ne doit pas être souillée par la mort,
et un Parsi devrait toujours tenir pour divin
ce que dit Zoroastre.

Oui, et ainsi je le tiendrai,
Mais vois son doux visage pâle,
Aussi pur que la fleur la plus pâle
Laissée morte dans l'étreinte du printemps.
Le soleil que nous adorons quotidiennement
L'a consacré pendant sept ans,
Alors ira-t-il aux becs cruels,
Là où le vent marin vire ?

Non non Non! bien que vous m'envoyiez
un mendiant devant votre porte,
vous, mon seigneur, que j'honore,
et vous, ses quatre sœurs,
à qui aucun enfant n'est venu
pour faire sentir vos seins
. Comment même une pensée si pleine d'angoisse
peut faire mon bobine de cerveau malade.

Ah, tu es sourd ? tu me méprises
et tu me détestes comme une chose souillée ?
Monseigneur, je ne suis qu'une femme
qui aspire à voir son enfant
déposé dans un tombeau, entouré
de gazon.
Oh, si je n'avais jamais accouché,

Ou que la terre n'avait pas de Dieu !

SHAH JEHAN À MUMTAZ MAHAL

Je vois comme dans un pâle mirage
La paume qui sur toi se balance,
Les eaux du Jumna wan battent.
Un nuage de perles, comme un Taj lointain,
Un dôme de chagrin trahit —
Sa beauté, comme la vôtre, sera trop éphémère !

Le monde est plus vaste que je ne le pensais
Maintenant que ton visage est parti !
Pendant que vous étiez ici, aucun destin ne semblait illimité.
Je suis donc perdu et je ne trouve aucune idée
du crépuscule ou de l'aube !
La vie est devenue une quête décadente et sans fondement.

Revenir! reviens ou laisse-moi trouver
La jungle mène enfin
À tes lèvres et à ta poitrine recréées !
Ô quelque part, je dois à nouveau enrouler
mes bras autour de toi, mettre
en un seul mot mon amour sans relâche !

PRINCESSE JEHANARA

Là où la route mène de Delhi au sud,
et où des trains de chameaux crasseux rampent dans la poussière
devant les tas de ruines du vieux Firozabad
et Indropat impitoyable de la sécheresse ;
Près d'un arbre solitaire, au-dessus d'un étang dont
tous les gens aux turbans ont confiance dans l'eau de prière triste,
se trouve un tombeau caché par la chaleur, et dessus seulement
quelques faibles brins d'herbe tordue et en deuil.
"C'est à Jehanara",
dit d'un ton prêt un musulman à l'étranger, "un jour, elle a dit :
'La couverture des pauvres n'est que de l'herbe,
qu'elle soit à moi seule quand je serai mort.'"
Et qui s'est tenu là, où environ ses hautes tombes impériales Rest Rise,
savent que la sienne est la meilleure.

UNE LAMENTATION D'AMOUR CINGHALAIS

Comme le cocotier
Qui pine, mon amour,
Loin du son
De la voix du planteur,
Suis-je, car je
n'entends plus résonner
Ta chanson au bord de la mer parsemée de perles !
Le soleil peut venir
et la lune s'arrondir,
et dans son rayon
mes compagnons peuvent se réjouir,
mais je ne me régale pas
et mon cœur est muet,
alors que j'aspire, ô long, à toi !

Dans les profondeurs de la jungle,
Où rampe le cobra,
Le léopard me guette.
Mais ô mon amour,
quand le jour meurt,
je redoute plus que lui !
Les larmes dures et solitaires
qui assaillent mes yeux
sont pires à supporter,
car la misère
qui les guérit
sont les longues, longues années
pendant lesquelles je gémis loin de toi !

O encore, encore,
Dans mon katamaran
A-quille je pousserais
Jusqu'à ta porte palmée !
J'entendrais encore une fois
Le soulèvement et le silence
De ton chant près du plantain.
Mais au loin,
je peine et écrase
les espoirs qui surgissent
au cœur de mon cœur malade.

Car jamais
n'arrive le jour
Qui m'attire à nouveau vers toi !

SUR LE GOLFE Arabique

D'un minaret lointain de nuage fidèle
Un muezzin fantôme du coucher du soleil criait
Sur la mer qui se balançait avec fierté du sultan : "
Allah est Beauté, il n'y en a pas d'autre !
Allah est Beauté, qui ne peut être niée
par la mort ou par tout infidèle aux sourcils sombres. " !"

Et chaque vague qui adorait, chacun
sous la mosquée du ciel se courbait haut,
soulevait une crête blanche avec un soupir d'assentiment
et répondait : « Que tous les dieux sauf Allah meurent,
oui, que tous les dieux ! jusqu'à ce que le monde crie : il
ne reste que la beauté. sous le soleil!"

LE RAMESSIDE

Sur une image de pierre immortelle,
Assise et vaste, la lune de Louxor tombe,
Lui prêtant un calme qui épouvante,
Un mystère osirien et étrange.
Les mains placées sur les genoux dans une majesté solitaire
et placide révèlent la puissance
de l'Égypte dans son heure la plus triomphale,
le calme de la tyrannie qui ne peut changer.
Il s'agit de ce grand roi, qui a entendu les cris
de millions de personnes travaillant pour l'élever vers les cieux,
qui les a vu périr dans leur tâche comme des mouches,
sans pourtant laisser aucun œil de pitié sur eux.
Quelle tristesse alors si son visage profané

Pourrit maintenant au Caire dans une affaire de momie ?

ENNEMIS IMMORTELS

À Bedrashein, entre les pyramides,
j'ai vu le soleil ailé replier ses ailes
et sombrer dans les domaines du monde inférieur
où Seth envoyait du mal aux morts égyptiens.
J'ai vu l'ancien désert, qui surenchérit sur
le Nil pour les terres de dattes qui s'étendent entre eux,
se jeter sur Memphis qui a disparu,
un autre linceul de sable, puis ordonner à ses serviteurs,
les vents, de se coucher sur leur lit sans limites.

J'ai vu où les temples voués à Sérapis
et les splendeurs de granit que les hommes nomment pharaoniques
sont gardés par le temps dans le silence et
la dissimulation sardonique - momifiés dans de profondes tombes
mystiques.
Et quand les étoiles sont apparues dans une béatitude tranquille,
j'ai entendu l'Éternité avec tous ses malheurs,
Passés et à venir, résonner doucement le mnémonique
De la Mort qui attend tous les mondes que la Vie engloutit.

LA CONSCRIPTION

Le chameau du vieux sakiyeh
travaille en rond et en rond.
Il est fatigué du Nil
Et du bruit des gémissements
De la lente roue qu'il tourne tout le jour
Pour soulever l'eau sur son passage
Sur les champs d'Ahmed Bey,
Qui regorgent de grains verts.

Lui aussi est fatigué des fellahs
qui le contraignent à avancer,
avec des chants à voix épaisse jusqu'au jour où
l'Ouest aura disparu.
Pour le désert audacieux, il a été créé,
Le Bédouin, son seigneur, pour l'aider,
Pas pour cette roue paysanne du commerce
Qui doit jamais être tirée.

Mais il travaille dur tandis que dahabiyeh
Et sombre felouque glissent
Au-dessous de lui sur le flux vitreux
De la marée grise du fleuve.
Puis quand la nuit est venue se couche,
Dans le sommeil le jour servile se noie,
Comme tous ceux que la vie détourne en fronçant les sourcils
De leur véritable sort.

NAVIS IGNOTA

Seigneur, quel navire part aujourd'hui ?
Je la vois assise à l'Ouest.
Doit-elle avoir des vents droits,
des étoiles pour la guider de leur lumière,
balayera-t-elle les mers pour voir
la terre et le port ?

Terrible est ta colère océanique,
Et personne ne peut tracer tes bancs
Quand une tempête sans réconfort a
bloqué le chemin du soleil et de la planète.
Est-ce qu'elle, Seigneur, échappera à la maladie
et vivra-t-elle de toutes ses âmes ?

Car c'est une belle chose
que des navires naviguent sur la mer.
Splendide est leur plongée et leur balancement
dans les vagues qui écument et projettent
des Maelströms à leur arc pour
les amener vers le destin.

Et elle aussi, courageuse, s'en va
dans l'obscurité.
Maintenant, ses lumières se perdent dans les marées
Des embruns venteux qui glissent
à travers les ténèbres, Seigneur,
ta colombe demeure avec elle - ou le destin ?

Je saurai peut-être un jour,
Ou, sans le savoir, je me rappellerai
combien mon cœur était désireux de prier
Pour un navire qui s'est courageusement mis
à sa tâche : Ô Seigneur, puisse
chacun de nous tous navire !

LA CROIX DU SÉPULCRE

Dans le Saint-Sépulcre, à hauteur de poitrine,
Il y a une croix que d'innombrables lèvres ont embrassée,
Des millions de personnes que le monde a réduites en poussière depuis longtemps,
Des millions qui n'espèrent plus que mourir.
J'ai vu des pèlerins, venus des terres lointaines et ferventes
de la superstition, du Nord, de l'Ouest et du Sud,
se pencher chacun vers eux avec une bouche tremblante et respectueuse,
puis s'agenouiller là où on disait que le Christ détachait les liens de la mort.
Et puis je me suis demandé si Celui qui croyait
au Dieu Unique en était gravement blessé,
s'il reculait à chaque baiser extatique,
ou si, sachant à quel point l'humanité est affligée,
savait aussi qu'il vaut mieux donner l'espoir
que la vérité, si seulement on est en portée de l'homme.

LA NONNE

Un palmier solitaire se penche au clair de lune
Sur un mur de couvent.
La mer en bas se réveille et se brise
Avec un soulèvement et une chute silencieux.
Une jeune religieuse est assise à la fenêtre ;
Pour le Ciel, elle est trop belle ;
Pourtant, même la Colombe de Dieu pourrait nicher
Dans son sein en battant là.

Un navire solitaire quitte le port :
qui emporte-t-il ?
Son amant au cœur pécheur s'est séparé
et ne l'a laissée que pour prier ?
Elle n'a pas d'amant et n'a jamais
entendu au loin un soupir d'amour.
Seul le vœu de vêpres du couvent
A jamais obscurci son œil.

Car rien ne lui connaît sa beauté,
Plus que la palme de sa paix ;
Et qui, au-delà du portail du Christ vers
les Désirs mortels, plierait les genoux ?
Les voies du monde ont des fleurs,
et tous ceux qui veulent les cueillir ;
Mais qu'il y ait toujours un endroit
où personne ne puisse cueillir la rose de Dieu.

CHANT ALPIN

Je marche à travers les montagnes,
Elles se lèvent blanches autour de moi,
Des sommets enneigés tels des patriarches
Que l'hiver a intronisé.
Je parcours les vallées
Où les cataractes me sonnent
Des tonnerres qu'ils ont entonnés stridents
De l'éternité.

Je marche à travers les montagnes,
Avec les nuages pour mes compagnons,
De doux nuages qui flottent et s'accrochent
De rocher en rocher fendu.
Je passe devant les chalets
qui surplombent les hauts canons,
 Passant là où les bergers
et les troupeaux ils traînent.

Je marche à travers les montagnes
Où les pins en fier cortège
Grimpent comme une hôte robuste
Aux hauteurs auréolées du soleil.
J'attends les sorties
De l'avalanche de Hesse,
Jet de glace et de granit
Dans les golfes Averniens.

Je marche à travers les montagnes
Et le vent me chante
Les désirs des glaciers
De couler vers les terres d'été.
Je parcoure les vallées
Sans vouloir me défaire —
Car aujourd'hui je suis sans but
Et le grand Dieu comprend !

L'HOMME DE PUISSANCE

Aucun instant ne s'est écoulé entre sa pensée et son action,
Aucun lendemain n'est mort entre son rêve et son acte.
Dans son âme, aucune faction fatale
ne pouvait le trahir au moment où il en aurait besoin.

AU TEMPS DE LA IMPRESSION

Le féroce coucher de soleil sur le monde
jaillit comme un esprit blessé,
Les vagues tout le jour ont sifflé et lancé
leurs crocs et les embruns ont balayé et tourbillonné,
Et les navires dans l'antre du vent gris ont enroulé
leurs voiles - qu'ils le craignent !

La nuit ne sera qu'un bouillonnement monstrueux
De terreurs élémentaires.
Les nuages envelopperont dans une épouvantable couronne
d'obscurité les vents qui respirent en eux,
et tout ce qui vit dans la mer en dessous
Par la peur sera rendu doux ;

Et descends, jusqu'aux profondeurs inférieures,
Sous l'écume et les frottements.
Là où l'eau maussade dort
toujours et où le sable lent rampe froidement
sur l'épave solitaire, que la mort garde
pour le protéger contre l'oubli.

Et là, dans le vaste calme menaçant,
Ils abriteront, comme
des formes enchantées de Chill qu'il a étrangement évoquées du
silence de sa maîtrise ;
Là, ils flottent jusqu'à ce qu'ils ressentent à nouveau le scrupule
de la faim en haletant.

Et puis une fois de plus, ils bondiront,
pour dériver, s'amuser et piller,
requin, anguille, baleine et chose diabolique,
avec une dent à déchirer et une queue à piquer.
À la mer, ô Dieu, l'horreur s'accroche
et hante au-delà de toute merveille.

LEVER DU SOLEIL EN UTAH

Les falaises de sable sombre qui brisent la mer du désert se sont
soudainement levées à ma vue à l'aube,
et terribles dans une éternité
de mort ont pris silencieusement le lever du soleil.
Pourpres funéraires venues des cieux déchirés
Balayées sur leur fière stérilité,
Seulement pour mourir comme ici meurt toute gloire,
Sur une stérilité dont je n'aurais pas rêvé.
Ô Dieu, pour un chant d'oiseau ! ou ouvrant les lèvres
D'une seule fleur sur l'air fatal,
Car ce n'est que la voix de l'eau qui coule,
Ou le mouvement des feuilles que le vent du jour fait remarquer !
Ô Dieu, pour ceux-là, pour la vie ! ou de la face
du monde effacer un lieu si irréparable !

CONSOLATION

je

Venez à moi, ombres, en bas de la colline,
Allongez-vous doucement à mes pieds.
Le soleil a fait sa volonté
et la journée est terminée.
Viens à moi doucement et distille
tes rosées et tes rêves, cette chaleur
et ces heures d'éclat sans cœur ont envahi.

II

Venez à moi, ombres, en bas de la colline
Et apportez avec vous la nuit,
Les lucioles et l'engoulevent
Et ah, la lune...
Dont les douces interprétations peuvent encore
Les langues enchevêtrées du bien
et du mal, de l'espoir et de la peur, qui hantent midi.

III

Venez à moi, ombres, en bas de la colline —
Et laissez suivre le Sommeil,
qui est la Volonté de Dieu
Qui déborde
Le monde — effaçant le mal,
Et dans son balayage apaisant
Murmurant plus de miséricorde que l'homme ne connaît.

VAGUES

Les voiles du soir rentrent à la maison
Avec le crépuscule dans leurs ailes.
La lumière du port à travers les
sources sombres ;
Le vent chante.

Les vagues commencent à raconter
le chagrin nocturne de la mer,
tissant dans leur ancien charme
plus
que les connaissances de la terre.

La lune montante flotte d'étranges
leurres bas à travers la marée,
Sur lesquels mes sombres pensées semblent s'étendre,
foulée
après foulée, Jusqu'à ce que, avec un frisson débordant,
Ils semblent enfin se fondre
Avec les vagues qui de l'Éternelle Volonté
Wend, Sans fin.

VIS ULTIMA

Il n'y a pas de jour qui ne me conduise à
Un sommet impossible à escalader,
Une tâche à laquelle mes mains doivent échouer,
Une mer sur laquelle je ne peux ni nager ni naviguer.
Il n'y a pas de nuit où je souffre
Mais le Destin règne austère et pâle :
Et pourtant, ce que je suis censé faire
, je le ferai avant que la Mort ne baisse son voile.

Et ce ne sera pas une petite chose,
même si elle tombera dans l'oubli,
car je m'efforcerai d'y parvenir à travers tout
ce qui peut mettre en péril ou consterner.
Ainsi, chaque matin, au son de la trompette,
je remonte à cheval, moins esclave et moins esclave,
Et je jette volontiers aux barrières
Une force qui dédaigne de ramper.

MEREDITH

Qu'est-ce que je lis ? Il est mort?
Lui, le grand interprète
et voyant, le chef le plus noble d'Angleterre ?
Qu'est-ce que je lis ? C'est feutré ?
La voix la plus grave que la vie ait trouvée
Pour lire un siècle de profondeur
Avec le bouillonnement et l'agitation de tous les temps ?

Eh bien, cela ne fait qu'une vingtaine
de jours que, à ses côtés,
lui serrant la main avec plus que de fierté,
j'ai senti que la marée immortelle
de son grand esprit allait longtemps briser
le froid commandement de la mort.
Toujours dans mon oreille résonne
Le flot de ses paroles fortes, et toujours
contre les arbres sauvages de la colline
sous laquelle son cottage est abrité,
je vois le mouvement de ses mèches grises,
comme celles de Lear, car il avait ressenti la piqûre
d'avoir trop donné
le royaume de son esprit à ceux
qui, pour cela, le tenaient fou.

Ô Angleterre, protège ta vie
Comme lui d'un sort pareil !
Car le puissant tonnerre
de ton fier nom sur tous les rochers
du monde entier ne peut pas compenser
une nation qu'aucun chant ne réjouit,

Et qu'aucun Voyant ne rend grand.

LA FIN